수학시집
사랑 방정식

수학시집

사랑방정식

초판 1쇄 인쇄 | 2019년 06월 27일

지은이 | 김남규

그린이 | 호영민, 성정란

펴낸이 | 이승훈

펴낸곳 | 해드림출판사

주 소 | 서울 영등포구 경인로82길 3-4(문래동1가 39)
센터플러스빌딩 1004호(우편07371)

전 화 | 02-2612-5552

팩 스 | 02-2688-5568

E-mail | jlee5059@hanmail.net

등록번호 제2013-000076
등록일자 2008년 9월 29일

ISBN 979-11-5634-349-3

잘못된 책은 바꿔 드립니다.
저자와의 협의 하에 인지는 붙이지 않았습니다.

수학시집

사랑 방정식

호영민·성정란 그림
김남규 수학시

$x^2-|x|y+y^2=25$

해드림출판사

펴내는 글

수학의 아이디어를 사랑에 담다

모든 사람은 수학을 즐길 권리가 있습니다.

이제까지 수학을 좋아했던 사람들은 간결한 정리, 논리적 증명, 합리적 문제해결에 매료되었던 사람들일 것입니다.

이제 수학의 본질을 아름답게 보고 싶습니다.

사랑과 함께 말입니다.

그래서 수학을 맛있게, 사랑을 멋지게 쓰고 싶었습니다.

우리 마음에 여백을 주는 시로 그 바람을 표현할 수 있다고 생각했습니다.

수학이 시를 만나 사랑을 만들어내는 세상으로 여러분을 초대합니다.

『수학시집, 사랑 방정식』은 중학교 2학년 수학으로 사랑과 인생을 그려내고 있습니다.

　책 읽기를 좋아하고, 자신의 직업에 자긍심을 느끼며, 연인을 생각하는 모든 것이 사랑 아닐까요?

　그래서 삶은 온통 사랑으로 채워져 있고, 그 사랑의 씨앗을 수학에도 한알 한알 심고 있습니다.

　피에트 몬드리안(1872. 03. 07.~1944. 02. 01.)이 1920년 수학에 깊이 심은『빨강, 파랑, 노랑의 구성』의 간결한 아름다움처럼요.

　여러분도 한 번 심어보세요.

　수학이란 밭은 그 토양이 무척 비옥하거든요.

2019년 6월
詩샘 김남규

차 례

Ⅰ. 사랑 그리는 소수

사랑 그리다 · · · · · · · · 12
그대 마음 · · · · · · · · 14
사랑의 기회 · · · · · · · · 16
사랑의 흔적 · · · · · · · · 18
사랑 방식 · · · · · · · · 20

Ⅱ. 사랑 방정식 우정 부등식

사랑 법칙 · · · · · · · · 24
있는 그대로 · · · · · · · · 26
사랑 한 수 · · · · · · · · 28
내 안의 그대 · · · · · · · · 30
홀로서기 · · · · · · · · 32
회원가입 · · · · · · · · 34
완전한 사랑 · · · · · · · · 36
오답의 여유 · · · · · · · · 38
인생 방정식 · · · · · · · · 40
상대성 이론 · · · · · · · · 42

연애의 기술 · · · · · · 44

우리의 마음 · · · · · · 46

부등식의 가치 · · · · · 48

천사와 악마 · · · · · · 50

사랑 방정식 우정 부등식 · · · 52

사랑싸움 · · · · · · · 54

속력보다 방향 · · · · · 56

함께하는 세상 · · · · · 58

Ⅲ. 그대와의 인연

어떤 관계 · · · · · · 62

짝사랑 · · · · · · · 64

연인으로 가는 길 · · · · · 66

연인과 친구 · · · · · · 68

동상이몽 · · · · · · · 70

그대와 함께 · · · · · · 72

학창시절 · · · · · · · 74

조연에게 · · · · · · · 76

차 례

Ⅳ. 사랑은 도형처럼

결혼식 · · · · · · 80
리트머스 종이 · · · · · 82
아름다운 균형 · · · · · 84
눈멀고 귀먹어도 · · · · 86
반쪽 찾기 · · · · · · 88
외심군 내심녀 · · · · · 90
겉과 속 · · · · · · 92
아름다운 동행 · · · · · 94
평행사변형처럼 · · · · · 96
제곱 사랑 · · · · · · 98
행복 공식 · · · · · · 100

Ⅴ. 닮음의 재구성

늘 곁에 있는 그대 · · · · 104
닮지 않음 · · · · · · 106
닮음의 가치 · · · · · 108
합동에서 닮음으로 · · · · 110

닮음의 조건 · · · · · · 112

삶의 무게 · · · · 114

사랑의 무게중심 · · · · · 116

꽃보다 중선 · · · · · 118

삶의 중선 · · · · · 120

사랑의 닮음비 · · · · · 122

Ⅵ. 확률의 시대

사랑 사건 · · · · · 126

사랑할 이유 · · · · 128

봄·여름·가을·겨울 · · · 130

인생 · · · · · · 132

운명 · · · · · · 134

설레임 · · · · · · 136

행복의 여사건 · · · · · 138

친구라도 될 걸 그랬어 · · · 140

나의 삶 · · · · · · · 142

3.14159265358979323846264338327950288419716939937510582097494459230781640628620899862803482534

1. 수와 연산

사랑 그리는 소수

사랑 그리다

사랑이 소수인 걸 아니?
첫 만남에 설렌 점수 매겨봐
그리곤 소수점 찍는 거야

1일
소수 첫째 자리에
쓰고픈 숫자 적어
오늘 그 수만큼 사랑해

2일
어제 사랑한 수, 소수 둘째 자리에
쓰고픈 숫자 적어
오늘 그 수만큼 더 사랑해

그렇게 하루하루 조금씩
사랑 키우다 끝이 나면
그 사랑 유한소수 되겠지

하지만
죽는 날까지 사랑했다면
마지막 숫자 순환마디 되어
영원한 사랑이겠네

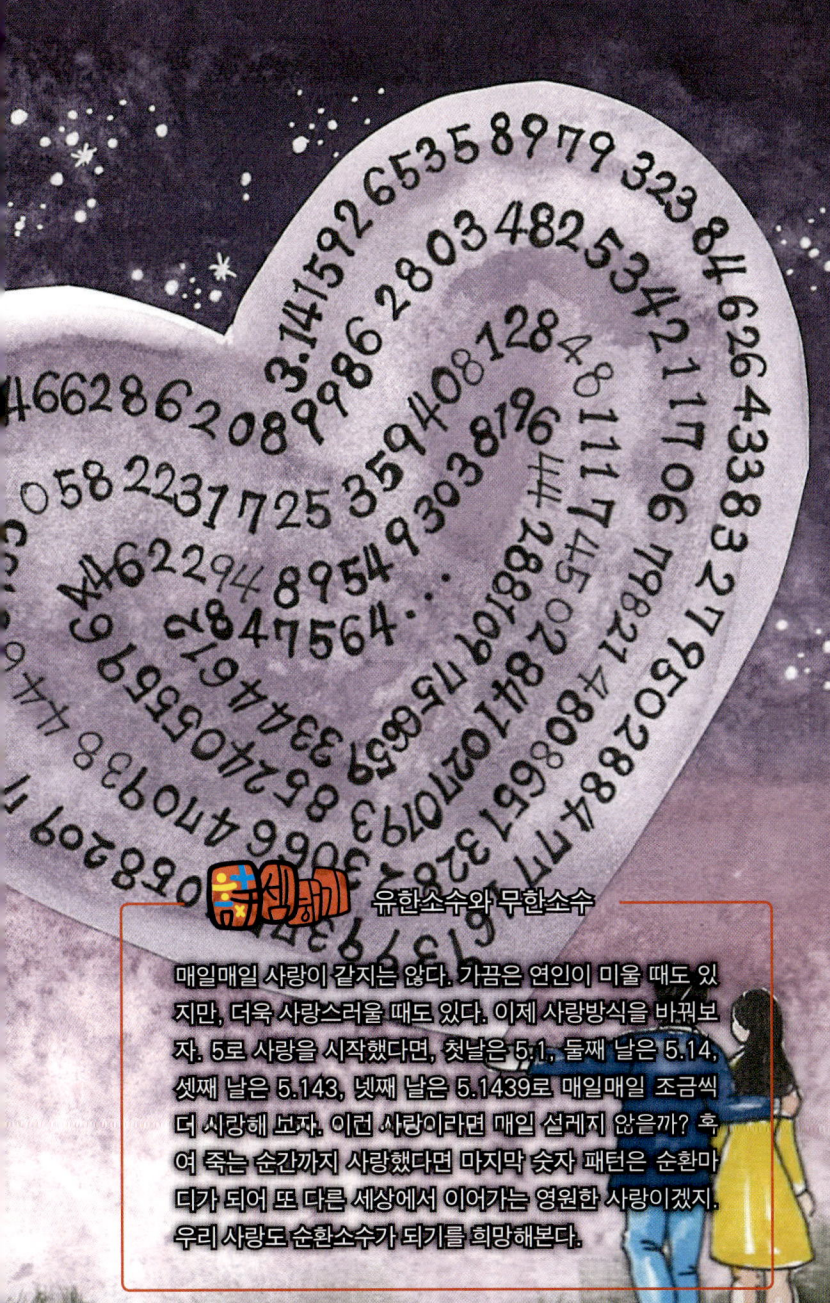

유한소수와 무한소수

매일매일 사랑이 같지는 않다. 가끔은 연인이 미울 때도 있지만, 더욱 사랑스러울 때도 있다. 이제 사랑방식을 바꿔보자. 5로 사랑을 시작했다면, 첫날은 5.1, 둘째 날은 5.14, 셋째 날은 5.143, 넷째 날은 5.1439로 매일매일 조금씩 더 사랑해 보자. 이런 사랑이라면 매일 설레지 않을까? 혹여 죽는 순간까지 사랑했다면 마지막 숫자 패턴은 순환마디가 되어 또 다른 세상에서 이어가는 영원한 사랑이겠지. 우리 사랑도 순환소수가 되기를 희망해본다.

그대 마음

그대 마음
분수였으면 좋겠습니다

기약분수 분모만 보아도
유한소수인지 알 수 있듯이
그대 표정만 보아도
행복한지 알 수 있는
분수였으면 좋겠습니다

그대 마음
정수였으면 좋겠습니다

분자를 분모만큼 잘라
여러 사람과 나누는 분수가 아니라
하나뿐인 마음
온전히 내게 주는
정수였으면 좋겠습니다

 유한소수

분수는 유리수인 까닭에 유한소수 또는 순환소수로 바뀐다. 기약분수의 분모에 소인수가 2 또는 5만 있으면 유한소수로 나타낼 수 있고, 다른 소인수가 있으면 유한소수로 나타낼 수 없음을 안다.
우리는 연인의 표정에서 마음을 잘 읽지 못하여 상처를 줄 때가 많이 있다. 늘 행복을 선사하고 싶은데 그러질 못해 연인의 마음이 분수었으면 좋겠다. 그런데 **분수는 분지**를 똑같이 잘라 분모에게 나누어 준다. 연인의 마음을 다른 사람과 나누고 싶지 않은 마음에 연인의 마음이 또 정수였으면 좋겠다.

사랑의 기회

그 사랑
유한소수라
세상 탓하지 마라

사소한 욕심 버리고
조금 더 배려하면
순환소수로 영원한 사랑
이어갈 수 있으니

 순환소수

앞선 시에서 사랑이 끝나면 그 사랑 유한소수라 했다. 하지만 사소한 욕심을 버리고 조금만 더 배려하면 사랑은 다시 시작될 수 있다. 6.473의 사랑이었다면 1-0.9인 끼닭에 6.473=6.4729로 순환소수가 되어 영원한 사랑을 시작할 수 있다. 처음엔 손해를 보는 것 같지만 결국 그 값은 같은 값이 되고 만다. 무한한 사랑이었기에.

사랑의 흔적

소수에 쓰인 사랑의 흔적
그 사랑 몹시 궁금해
분수로 바꿔봅니다

이미 끝난 사랑
쓸쓸히 남은 흔적
유한소수는
쉬이 분수로 바뀌어
아쉬움에 저려옵니다

죽는 날까지 사랑해
순환소수로 남은 영원한 사랑도
결국 분수로 바뀌어
애틋함에 행복합니다

그러고 보면 세상
이해 못 할 사랑 없나 봅니다
조금 더 어렵고 복잡할 뿐
사랑의 흔적
모두 유리수입니다

$$7.28\dot{1} = \frac{7281-728}{900}$$
$$= \frac{6553}{900}$$

 **순환소수의 분수 표현**

소수를 분수로 나타낼 수 있는가? 이미 사랑을 끝낸 유한소수는 쉽게 분수로 나타낼 수 있다. $2.3 = \frac{23}{10}$, $6.41 = \frac{641}{100}$ 하지만 영원한 사랑의 순환소수도 분수로 나타낼 수 있을까? $2.\dot{3} = \frac{23-2}{9} = \frac{21}{9}$ 처럼 복잡하지만 가능하다. 모든 사랑의 표현, 유한소수와 순환소수를 분수(유리수: 이해가 되는 수)로 나타낼 수 있다는 건, 세상에 이해 못 할 사랑이 없다는 뜻은 아닐까?

사랑방식

순환소수를
분수로 바꾸듯
사랑해 보세요

순환소수는
알 수 없는 무한과 연결되지만
순환마디 맞추면
무한은 눈 녹듯 사라져
분수로 바뀌고

사랑 또한
알 수 없는 신비와 연결되지만
마음을 맞추면
신비는 이해가 되어
행복으로 바뀐답니다

 순환소수의 분수 표현

순환소수 0.2̇3̇을 x라 놓으면
$x=0.232323\cdots$ ⋯①
이고,
①의 양변에 100을 곱하면
$100x=23.232323\cdots$ ⋯②
이다.
②에서 ①을 변끼리 빼면
$99x=23$, 즉 $x=\dfrac{23}{99}$
따라서 $0.\dot{2}\dot{3}=\dfrac{23}{99}$

사랑한다는 것은 무엇일까? 순환소수 0.2̇3̇을 분수로 바꾸는 것에서 힌트를 얻을 수 있다. 신비로움만으로 사랑할 수 없듯이, 무한과 연결되어 있어서는 분수로 바꿀 수 없다. 그래서 100을 곱해 무한을 서로 맞추듯, 연인끼리 마음을 맞춘다. 그러면 소수점 아래 무한이 사라지듯, 신비로움도 이해가 되어 행복으로 바뀐다.

II. 문자와 식
사랑 방정식 우정 부등식

$x^2 - |x|y + y^2 = 25$

사랑 법칙

사랑 글쎄
지수법칙을 따라요

기쁨은
지수의 덧셈으로 곱해져
더 큰 기쁨이 되고

슬픔은
지수의 뺄셈으로 나눠져
더 작은 슬픔이 되며

사랑은
지수의 곱셈으로 감싸 안아
더욱 소중한 사랑이 됩니다

지수 글쎄
사랑 법칙을 잘 따라요

 **지수법칙**

사랑이 지수법칙을 따른다니 얼토당토않은 것 같지만 사랑이 덧셈이 아닌 곱셈이니 자연스럽게 연결된다. 예를 들면,
$(기쁨)^5 \times (기쁨)^2 = (기쁨)^{5+2}$, $(슬픔)^5 \div (슬픔)^2 = (슬픔)^{5-2}$,
$\{(사랑)^5\}^2 = (사랑)^{5 \times 2}$

이렇게 사랑이 지수법칙을 따르니 사랑 법칙이라 해도 좋겠다. 이제 기쁨은 곱하고, 슬픔은 나누고, 사랑은 꼭 감싸 안자.

있는 그대로

기쁨과 슬픔은
상쇄되지 않습니다
계수와 문자가
계산되지 않듯이요

기쁨끼리 곱하면
더욱 행복해지고
슬픔끼리 곱하면
더욱 불행해지겠지만
슬픔에 기쁨을 곱한다고
사라지진 않더군요

기쁨은 기쁨끼리 어울려
기쁨대로 남고
슬픔은 슬픔끼리 어울려
슬픔대로 남나 봅니다

계수는 계수끼리 계산해
계수로 남고
문자는 문자끼리 계산해
문자로 남듯이요

기쁘면 맘껏 기뻐하고
슬프면 힘껏 슬퍼하세요
기쁨으로 슬픔을 감추지 말고
슬픔으로 기쁨을 누르지 말고

 단항식의 곱셈과 나눗셈

단항식의 계수와 문자가 다르듯 기쁨과 슬픔도 그 종류가 다르다. 그래서 단항식의 곱셈과 나눗셈처럼 계수는 계수끼리, 문자는 문자끼리 계산하듯, 기쁨은 기쁨끼리, 슬픔은 슬픔끼리 어울린다. 그러니 기쁨을 슬픔 뒤에 감춰 우울해 말고, 슬픔을 기쁨 뒤에 감춰 감정을 억누르지 말자.

사랑 한 수

참 바보였습니다
그대 관심 내게도
똑같이 나누어 달라
떼만 썼지 뭡니까

역지사지, 역수를 취하니
부족한 마음 드러나
한없이 부끄럽습니다만

받기만 했던 마음 이제
부족하나마
줄 수 있어 행복입니다

사랑은
받아서 좋은 것이 아니라
작더라도
함께해서 좋은 것이니까요

오늘
나눗셈을 곱셈으로 바꾸는
절묘한 역수에
사랑 한 수 배웠습니다

$a \div b = a \times \dfrac{1}{b}$

 단항식의 나눗셈

단항식의 나눗셈을 나누기로 계산하는 것보다 역수를 이용해 곱셈으로 바꾸어 계산하는 것이 편리할 때가 있다. 사랑 또한 받기만 한 것보다 작더라도 서로 주고받음이 더욱 행복한 것은 아닐까? 나의 모습이 역수로 작아져 초라해질지언정 동등한 곱셈의 위치에서 서로 사랑하는 단항식의 나눗셈에서 절묘한 사랑의 한 수를 배우게 된다.

내 안의 그대

하늘에는
푸름만 있지 않더이다
은빛 매력의 초승달
흩날리는 구름
그 사이를 나는 이름 모를 새
하늘은 더욱 평화로워지더이다

바다에는
물만 있지 않더이다
형형색색 산호초
동글동글 돌멩이
그 사이로 흐르는 물고기
바다는 더욱 아름다워지더이다

이차식에는
이차항만 있지 않더이다
변하는 일차항
변하지 않는 상수항
그 사이를 연결하는 연산기호
이차식은 더욱 다양해지더이다

내 안에는
나만 있지 않더이다

오롯이 그대
그대 향한 마음
그 사이로 애틋한 그리움
그러나
내 안은 더욱 쓸쓸해지더이다

 **이차식의 덧셈과 뺄셈**

생텍쥐페리 어린왕자에 이런 글이 있다. "사막이 아름다운 건 어딘가에 우물이 숨어있기 때문이란다." 그 작은 우물로 사막이 아름다워지듯 우리가 살아가는 세상에도 다양한 생각과 행동을 하는 사람들이 공존하며, 그 다양성을 인정하면 삶이 즐겁고 설렌다. 이자식에도 이차항만 있다면 얼마나 밋밋하겠는가. 이차항인 내가 일차항인 그대에게 마음 내어주었지만 그래서 더욱 설레고 행복해지는 오늘이다.

홀로서기

엄마의 품속에서
눈, 코, 입 달고
세상 첫 문 열어
가족의 품에 안긴다
마치
부드러운 소괄호 풀듯이

가족의 사랑 속에서
두려움과 호기심 품고
학교 문 열어
친구의 뜰로 들어선다
마치
오묘한 중괄호 풀듯이

친구의 의리 속에서
지식과 지혜 갖고
사회 문 열어
홀로서기를 시작한다
마치
광활한 대괄호 풀듯이

 **이차식의 덧셈과 뺄셈**

인간은 허물을 벗듯 한 단계씩 성장을 경험한다. 그 세계는 새로운 새싱이고, 그 속에시 잘 적용히며 살이긴다. 괄호기 섞여 있는 식을 풀 때도 소괄호, 중괄호, 대괄호 순으로 풀면 된다. 하지만 인생이 그렇듯 그 순서가 뒤바뀌는 경우도 가끔은 있다.

회원가입

소극적인 사람은
단항식과 다항식의 덧셈처럼
모임에 가입합니다

성격이 비슷한
동류항만 친구로 사귀고
다른 사람과는 거리 두지요

적극적인 사람은
단항식과 다항식의 곱셈처럼
모임에 가입합니다

분배법칙으로
모든 사람을 친구로 사귀고
그 모임에 동화되지요

내가 좋아하는 모임
지금 곱셈 단추
꾸욱 눌러 봅니다.

 단항식과 다항식의 곱셈

사람들의 회원가입 형태를 보면 대체로 두 가지로 나뉜다. 소극적인 사람은 단항식과 다항식의 덧셈처럼 성향이 비슷한 사람에게만 곁을 두며 친해진다. 반면 적극적인 사람은 단항식과 다항식의 곱셈처럼 모든 사람에게 관심을 갖고 친해지려 노력한다. 잘되는 모임은 덧셈이 아닌 곱셈으로 회원을 받는다.

완전한 사랑

사람을
마음에 품는 일은
빈자리가 있는 것만으로
되는 것은 아닙니다

사람을
온전히 품기 위해선
좋은 것은 물론
그의 아픔까지 모두
품어야만 하거든요

다항식을
다른 식에 대입하는 일도
미지수가 있는 것만으로
되는 것은 아닙니다

다항식을
온전히 대입하기 위해선
괄호를 이용해 하나 빠짐없이
대입해야 하거든요

 식의 대입

세상에 완벽한 사람이 있을까? 있기도 어렵지만 있다 한들 완벽해서 사랑하는 것은 아닐 것이다. 그 사람이 좋아 사랑하면 그 사람의 아픔도 품을 줄 알아야 진짜 사랑이다. 다항식도 그렇다. 다항식을 다른 식에 대입할 때, 괄호를 이용해 온전히 대입하자.

오답의 여유

사람들이
주어진 조건에 맞춰 살아가듯
나 역시
주어진 조건에 맞춰 살아왔다

늘
정답을 찾기 위해 노력했지만
항상 그렇지는 못했고
앞만 보며 직선으로 살아온 내게
가끔 오답은 휴식이 되었다

앞으로도
미지수가 2개인
일차방정식의 해로 살아가겠지

하지만 가끔은 마음 가는 대로
그 길옆 벤치에 앉아 쉬어도 보고
샛길로 빠져 설렘도 느껴볼 거야

직선 인생에
굴곡이 생기긴 하겠지만 어때?
어차피 내 인생인 것을

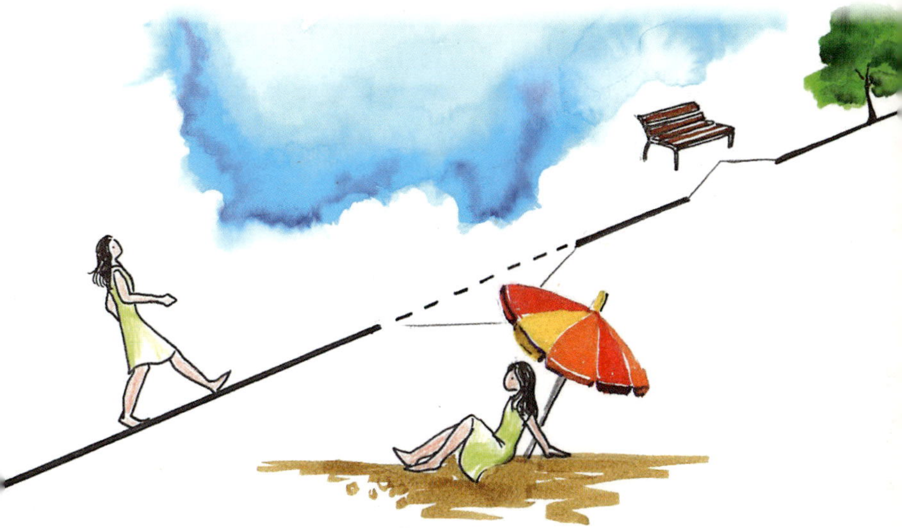

 **미지수가 2개인 일차방정식**

직선 위의 모든 점이 해가 되는 미지수가 2개인 일차방정식처럼 사람들은 최선을 선택하며 직선으로 내달린다. 하지만 가끔 최선은 아니더라도 마음이 가는 대로 선택해 보자. 설령 오답일지언정 위로가 되고 휴식이 될 수 있으니. 또한 그로 인해 더욱 다양하고 깊어질 수 있으니.

인생 방정식

용하다는 점집
사랑하는 연인
각자 미지수 2개
일차 인생 방정식을 꺼낸다
남자: $5x-y=-9$
여자: $2x-y=0$

점쟁이는
미지수가 2개인
연립일차방정식을 풀더니
근심 어린 표정으로 말한다

여자 운은 -3
남자 운은 -6
상극이라며 남자는
x의 계수 5를 과감히 버리라고

서로 다른 둘이 만나
연인이 되기 위해선
때론
포기도 알아야 한다고

연립일차방정식

사람들은 저마다 가는 길이 다르듯 미지수가 2개인 일차방정식을 하나씩 갖고 있다. 두 사람의 궁합은 각각의 일차방정식을 연립해 나온 해로 알 수 있겠지. 그대와 행복한 사랑을 하고 싶다면 어쩌면 삶의 궤도를 조금은 바꿔야 할 수도 있다.

상대성 이론

사람들은
서로 다른 조건에도
친구가, 연인이
때론 원수가 되기도 합니다

자신이 가진
미지수 2개짜리 일차방정식은
좋고 나쁨을 말하지 않습니다만

누구를 만나느냐에 따라
좋은 결과를 혹은
나쁜 결과를 얻기도 합니다

맘에 드는 사람을 만났다면
자신의 방정식을 바꿔보세요
흐름은 바뀔 수 있습니다

하지만
좋았던 사람과 나빠지는
부작용도 있으니 주의해야겠지요

 **연립일차방정식**

아인슈타인의 상대성 이론은 시공간의 절대성을 부정하고 관측자에 대하여 상대적으로 의미를 가진다는 것이다. 이 수학시 역시 사람마다 갖고 있는 인생 방정식은 변함이 없겠지만, 누구를 만나느냐에 따라 그 결과가 달라지니 「상대성 이론」을 감히 붙여 본다.

연애의 기술

성공한 연인들은
미지수가 2개인 연립일차방정식의
풀이법을 가지고 있습니다

동등한 위치에서
서로를 존중하며 사랑하지요
마치
연립방정식의 가감법처럼

온 마음 던진 사랑
하나 빠짐없이
가슴에 품어 사랑하지요
마치
연립방정식의 대입법처럼

연립일차방정식의 풀이에는
특별한
연애의 기술이 있습니다

 **연립일차방정식**

연립일차방정식의 풀이법은 보통 두 가지이다. 한 문자의 계수를 같게 해 더하거나 빼서 그 문자를 없애는 가감법이 있고, 하나의 식을 한 문자에 대해 정리한 후 다른 식에 대입하여 그 문자를 없애는 대입법이 있다. 연립일차방정식의 풀이에 이런 특별한 연애의 기술이 있다는 것이 놀라울 따름이다.

우리의 마음

나의 마음 x
너의 마음 y

그럼
연립일차방정식
$$\begin{cases} x+y=2\times(행복) \\ x-y=0 \end{cases}$$
이 만들어진다

가감법으로
연립일차방정식을 풀어보니
$x=(행복), y=(행복)$

내가
기분이 좋은 건
행복해서보다
너와 마음이 같아서야

 연립일차방정식

방정식에 꼭 숫자만 들어가야 할까? 배려, 사랑, 행복과 같은 단어를 쓸 수는 없을까? 그래서 나온 값이 배려면 얼마나 따뜻할까? 사랑이면 얼마나 설렐까? 행복이면 얼마나 좋을까? 오늘 연립일차방정식에 우선 행복 한 글자 써 본다.

부등식의 가치

부등식을 푸는 일
부등식을 세우는 일
무엇이 더
가치 있는 일일까요?

부등식을 푸는 일은
이미 정해진 결정에
최선의 값을 찾는 일이고

부등식을 세우는 일은
어떤 세상을 만들지
방향을 결정하는 일입니다

부등식을 푸는 일은
훈련과 시간이 필요하지만
부등식을 세우는 일은
가치와 판단이 필요하지요

지금 당신은
부등식을 풀고 있습니까?
부등식을 세우고 있습니까?

 부등식

이제까지 우린 누군가 세워놓은 부등식을 열심히 풀어 왔고, 그 헤기 무슨 의미인지도 모른 채 세상이 정해놓은 방향으로 최선을 다해 살아왔다. 이제부터는 부등식을 세워보자. 가치를 판단하여 세상의 방향을 정해 부등식을 풀어보자. 따뜻한 세상이 될 최선의 값을 찾을 수 있도록.

천사와 악마

누가 더 착할까?
(천사 레벨10) > (천사 레벨5)
양변에 레벨 5를 더해도
(천사 레벨15) > (천사 레벨10)
레벨 5를 빼도
(천사 레벨5) > (천사 레벨0)
레벨 5를 곱해도
(천사 레벨50) > (천사 레벨25)
레벨 5로 나누어도
(천사 레벨2) > (천사 레벨1)
착함의 방향은 바뀌지 않는다

하지만
(천사 레벨10) > (천사 레벨5)
양변에 레벨 -5를 곱하면
(악마 레벨50) < (악마 레벨25)
레벨 -5를 나누면
(악마 레벨2) < (악마 레벨1)
착함의 방향이 바뀌고 만다

그래서 사람은
능력의 크기보다
인성의 방향이 더욱 중요하다

 부등식의 성질

부등식의 양변에 같은 양수를 더하거나 빼거나 곱하거나 나누어도 부등호의 방향은 바뀌지 않지만, 음수를 곱하거나 나누면 이내 **부**등호의 방향은 **바**뀌고 만다. 차한 천재가 부정적 자극으로 나쁜 천재가 된다면 어떤 세상이 될까? 그래서 능력의 크기보다 인성의 방향이 훨씬 중요하다. 오늘, 그대의 인성에 착함 한 줌 건네 본다.

사랑 방정식 우정 부등식

연인은 일차방정식처럼
친구는 일차부등식처럼
그렇게 사귀어 보세요

일차방정식은
꼭 맞는 하나만을 선택해
사랑하는 연인을 곁에 두고

일차부등식은
기준의 한쪽을 모두 수용해
힘이 되는 친구로 둘러싸이네요

그래서 지금
당신을 사랑하는 건
일차방정식을 풀었기 때문이고
여러 친구들로 힘을 얻는 건
일차부등식을 풀었기 때문입니다

 일차부등식

사랑하는 연인은 단 하나면 족하고, 진정한 친구는 많을수록 좋다. 일차방정식은 양변의 균형을 이루게 하는 딱 하나의 해를 가지니, 그 해는 사랑하는 연인이다. 일차부등식은 친구의 기준을 정해 풀어주니, 그 수많은 해는 진정한 친구가 된다. 일차방정식과 일차부등식은 인생에서 중요한 연인과 친구를 구해주니 절대 소홀히 여겨서는 안 된다.

사랑싸움

사랑싸움
일차부등식으로 해보세요

양쪽에
같이 잘한 건 더해 주고
같이 못 한 건 빼내 주고
함께한 행복은 곱해주고
함께한 불행은 나눠주면
잘잘못의 방향 변함없겠지만
사랑스런 싸움이지 않을까요?

반면 양쪽에
음수가 곱해져 신뢰가 깨지면
상황은 뒤집힐 수 있으니
주의해야겠네요

사랑싸움 이제
일차부등식으로 끝내봅니다

 일차부등식

이미 잘잘못이 결정된 부등식이지만, 같이 잘한 건 더하고 같이 못 한 건 빼고 나면 서로 얼마나 예뻐 보일까. 함께했던 행복은 곱해 부풀리고, 힘께헸딘 불헹은 니눠 축소히면 서로 얼마나 사랑스러워 보일까. 간혹 거짓말이 들통나 잘했던 모든 것이 뒤바뀌는 경우도 있다. 부등식의 성질에서 현명한 사랑싸움을 배워본다.

속력보다 방향

인생
별거 있나?
하거나 말거나지

인생
더 해도 덜 해도 하던 대로 해도
방향은 바뀌지 않지만
하던 걸 안 하거나 안 하던 걸 하면
방향을 바꿀 수 있어

그게
좋은 방향이건
나쁜 방향이건

지금
상황이 좋지 않다면
방향을 바꿔봐

인생
속력보다
방향이 중요하니까

 일차부등식

학창시절, 꿈이 바뀌는 순간이 있다. 부등식의 양변에 같은 음수를 곱하거나 나누는 것처럼. 하지만 부등식에서 양변에 같은 수를 더하거나 빼거나, 같은 양수를 곱하거나 나누어도 부등호의 방향은 바뀌지 않는다. 천천히 걸어도 방향이 맞다면 목적지에 다다르지만, 빨리 걸어도 방향이 맞지 않다면 목적지에 다다를 수 없다. 지금 너무 성급히 걷고 있지는 않는가? 잠깐 멈춰보자. 그리고 느리지만 원하는 방향으로 한 걸음 옮겨보자.

함께하는 세상

미지수 하나짜리
일차부등식 세상은 가고
미지수 두 개짜리
일차방정식 세상이 왔다

변수도 많아지고
적당히 크게 아닌
꼭 맞는 맞춤 세상

혼자 잘나 풀어대곤
마지막에 맞춰보는
연립일차부등식 풀이 아닌

처음부터 함께 풀고
꼭 맞는 해답 찾는
연립일차방정식 풀이 같은
그런 사람 그런 세상

오늘
소통을 통한 배려로
그 세상
한 발 더 내디딘다

 **연립일차부등식**

다양한 변수가 존재하고 개성은 더욱 강해져 '적당히'가 아닌 꼭 맞는 맞춤형의 세상. 부등식보다 방정식의 세상이겠지. 또한, 뛰어난 한 명의 아이디어보다 평범한 여러 명의 협업이 더 필요한 세상. 각각의 부등식을 풀어 마지막에 만나는 연립일차부등식보다 처음부터 맞추고 조율해 꼭 맞는 해를 찾는 연립일차방정식의 세상이겠지.

Ⅲ. 일차함수와 그래프

그대와의 인연

어떤 관계

사람들은
관계 속에서 살아간다

$y=-2x+4$인 관계
4만큼의 이익으로 시작하지만
그대가 이익을 얻을수록
나는 손해를 보고

$y=2x-4$인 관계
4만큼의 손해로 시작하지만
그대가 이익을 얻을수록
나도 이익이 얻는다

길어질 인생
작은 이익에 연연치 말고
가능성을 봐야 하지 않을까?

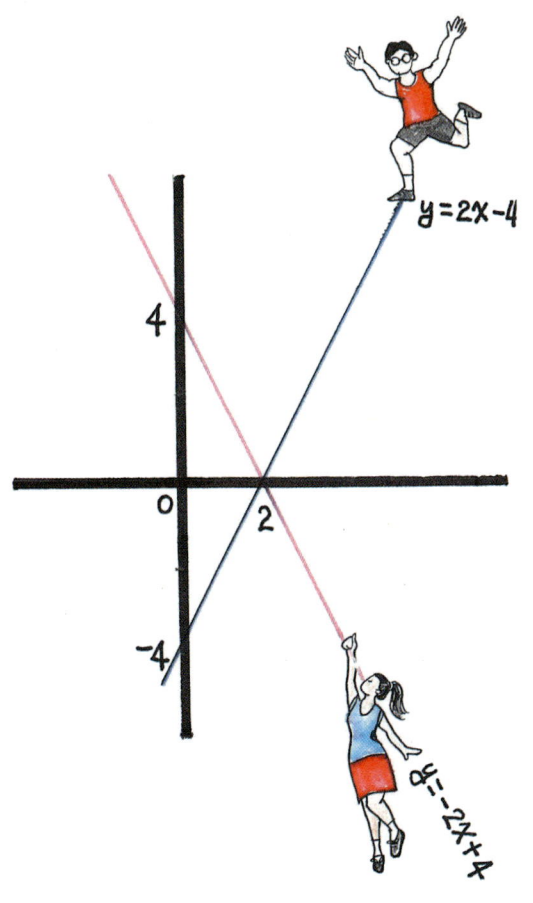

 일차함수

두 사람 사이에는 늘 함수가 하나 존재한다. 기울기가 양수로 손익을 같이 하는 사람, 기을기가 음수로 손익을 달리 하는 사람, 기울기가 0으로 나와 상관없는 사람 등. 어쨌든 길어질 인생, 작은 상수에 연연치 말고 작더라도 함께 가는 양수 기울기를 택해보자. 삶의 동반자를 얻을 수 있으니.

짝사랑

그대 걷고 있나요?
나 역시 걷고 있습니다

눈치채지 못할
일정한 거리 두고
함께 걷고 있네요

그대 쉬고 있나요?
나 역시 쉬고 있습니다

알아채지 못할
일정한 거리 두고
함께 쉬고 있네요

그 거리만큼 평행이동해
그대 곁에 있고픈
마음 간절하나
이것으로도 충분합니다

그대 향기 이미
내 곁에
머물러 있으니까요

평행이동

고백해 볼까? 이미 마음은 그대 곁에 있는데. 그 일정한 거리만큼 평행이동하면 그대 곁인데. 오늘도 그 평행이동을 못해 애타는 짝사랑을 이어간다.

연인으로 가는 길

연인으로 가는 길
$y = \frac{1}{2}x + 10$

소심한 맘에 기울기 $\frac{1}{2}$
잰걸음이라 y절편 10만큼
먼저 그대 사랑할래요

그대에게 가는 걸음
느리고 더딜지라도
절대 뒤로 가거나
다른 길로 가지 않을게요

그러다 마음 같아지면
용기 내어 볼래요
연인 되어달라고
평생 그대 사랑하겠노라고

연인으로 가는 길
끝없이 행복한 건
바로 그 길
그대이기 때문이에요

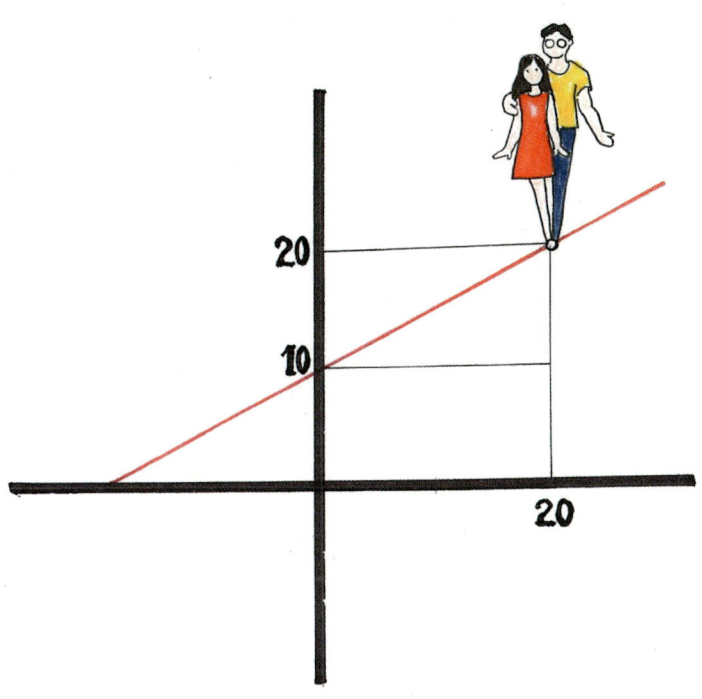

 **일차함수와 그 그래프**

그대 마음 x, 나의 마음 y. 그댈 먼저 사랑한 나는 더 많이 사랑하는 까닭에 조심조심 디기시지만, 늦은 만큼 그대는 성큼성큼 다가선다. 그대와 마음 같아지는 날 고백하고 싶다. 그대를 많이 사랑한다고, 나의 연인이 되어 달라고. 언제쯤 고백할 수 있을까?

연인과 친구

연인과 친구는
기울기가 같다는
행복한 공통점이 있습니다

같은 곳을 바라보며
같은 방향으로
평생을 함께하지요

연인과 친구는
y절편이 같고 다른
절묘한 차이점이 있습니다

연인은
한마음 한뜻으로
늘 곁에 머물지만
친구는
한결같은 거리로
서로의 위로가 되지요

연인은
일차함수 그래프가 일치해
단 하나뿐이지만
친구는

일차함수 그래프가 평행해
많을 수도 있답니다

 **일차함수의 그래프의 성질**

기울기가 같다는 것은 기찻길의 소실점처럼 먼 목표를 보며 함께 걸어가는 것이다. 단 하나뿐인 연인은 나와 기울기도 같고 절편도 같다. 한마디로 일차함수의 그래프가 일치한다. 하지만 다양한 친구들은 나와 기울기는 같으나 y절편이 다르다. 그래서 친구들은 일정한 거리에서 함께 같은 방향으로 나아간다. 일차함수의 그래프는 내 주변의 사람들을 잘 설명해준다.

동상이몽

어디서 와서
어디로 흘러가는가?

일차방정식처럼
세상이 이끄는 데로
흐르고 있지 않은가?
어디로 흐를지도 모른 채

인생의 주도권을
세상에 맡기지 말라
같은 삶을 살아도 일차함수처럼
삶의 주체가 되어라

나는
세상 따라 물결 따라
정처 없이 흐르는
미지수 2개 일차방정식보다
원하는 대로
삶을 결정하며 흐르는
일차함수로 살고 싶다

그 삶 결국
같은 길이라 할지라도

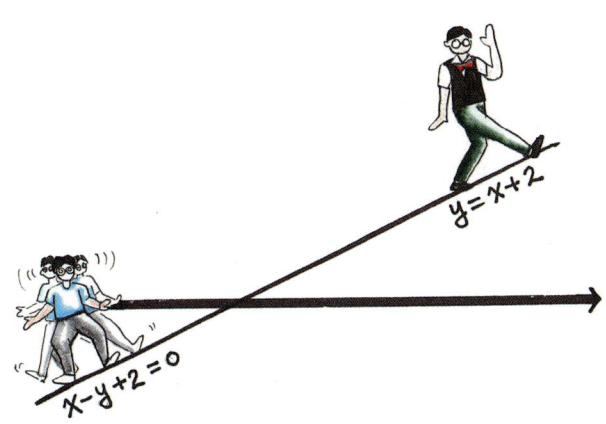

 **일차함수와 일차방정식**

미지수가 2개인 일차방정식 $x-y+2=0$은 x의 값에 따라 y의 값이 어떻게 변하는지 감을 잡기 어렵다. 하지만 일차함수 $y=x+2$는 x의 값에 따라 y의 값이 어떻게 변하는지 쉽게 알 수 있다. 뿐만 아니라 함수의 그래프를 그려 그림으로 이해할 수도 있다. 일차방정식과 일차함수는 결국 같은 결과를 갖지만 모르고 가는 것과 알고 가는 것은 분명 다르다.

그대와 함께

그대
곁에 없는 세상
미지수 하나뿐인지라
$y=2$는 무료하고
$x=3$은 위태합니다

그 변화 없는 길에
외로워 쓰러지고
그 깎아진 절벽에서
절망하겠지요

그대
함께 하는 세상
미지수 x, y의 조화로
적당히 기울어
설레고 즐겁습니다

그 길 설령
내리막길 일지언정
그대와 함께라면
행복할 수 있습니다

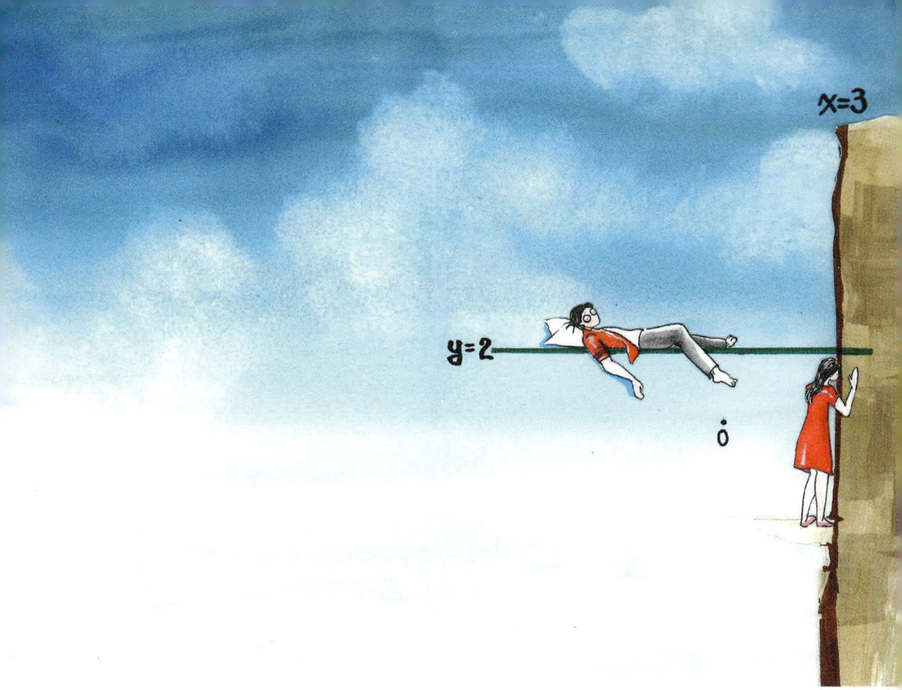

 일차함수와 일차방정식

나 없는 그대 삶 $y=2$는 x축과 평행하여 무료하고 쓸쓸하다. 반면, 그대 없는 나의 삶 $x=3$은 y축과 평행하여 절벽처럼 위태롭다. 두 방정식이 모두 위험한 것은 그대와 내가 함께하지 않음이겠지. 한 세상 그대와 함께 적당히 기울어 살아가고 싶다. 그 길 설령 내리막길일지언정.

학창시절

안개 자욱하여
한 치 앞도 보이지 않았던
방황과 외면의 학창시절

얼마나 외롭고
얼마나 괴로웠을까
그 마음 보듬지 못하고
급한 맘에 공부만 강요했지

이젠 그려보는 거야
[지금]과 [10년 후]를 두 점으로
일차함수의 그래프를
[지금]과 [가고픈 방향]을 기울기로
일차함수의 그래프를

그리곤 묵묵히 걸어가는 거지
시험문제의 일차함수가 아닌
인생의 방향을 결정짓는
그 일차함수의 그래프로 말이야

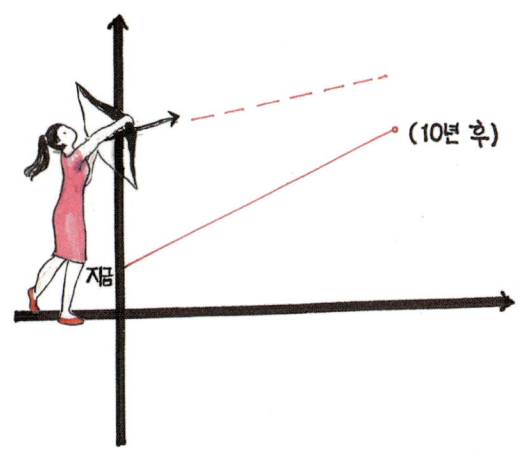

직선의 방정식

학창시절, 아름다운 추억도 있지만, 미래에 대한 두려움과 어디 쓰일지도 모를 어려운 공부도 있다. 그럼에도 앞으로 나아가야 하기에 [지금]과 [10년 후], 두 점을 이용하여 직선의 방정식으로 갈 길을 정해본다. 혹여 [10년 후]가 정해지지 않았다면 [지금]과 [가고픈 방향], 한 점과 기울기를 이용하여 직선의 방정식을 그려본다.

조연에게

가감법이나 대입법으로
연립일차방정식을 푸는 일
두 일차방정식 모두 만족하는
해만 찾는 일이겠지

두 일차방정식
어디서 와서 어디로 가는지
전혀 관심 없었던 거야

이제
두 일차방정식의 그래프를 그려봐
만나는 점만이 아니라
어디서 와서 어디로 가는지도
알 수 있을 거야

살다 보면 비록
해는 아닐지라도
더 중요해지는 순간이 있어

이제
나를 둘러싼 조연에게 말하고 싶다
나 또한 당신의 조연이었다고

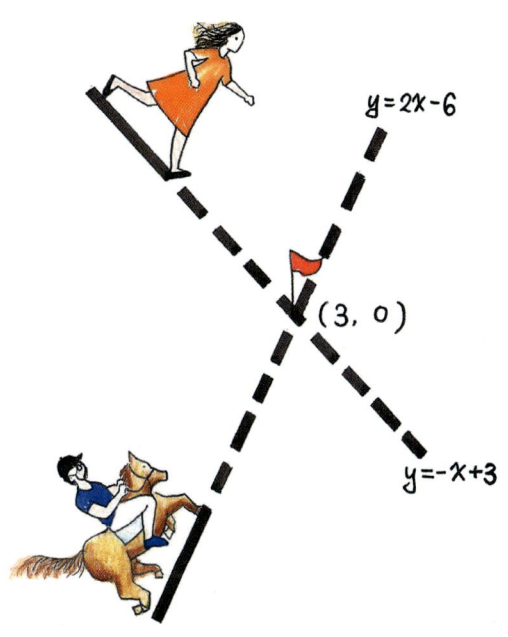

 연립일차방정식의 해와 그래프

가감법이나 대입법을 이용해 연립일차방정식을 풀면 간단히 해를 구할 수는 있지만, 각각의 일차방정식은 그 의미를 알 수 없다. 하지만 미지수 2개인 **일차방정식의 그래프**를 그리면 만나는 점만이 아니라 어디서 와서 어디로 가는지도 알 수 있게 된다. 번거롭더라도 가끔은 주위를 둘러보자. 방향이나 흐름을 읽을 수 있으니.

IV. 도형의 성질

사랑은 도형처럼

결혼식

돌이켜보니 우리 사랑 꼭
이등변삼각형 닮았네요

먼발치 같은 시선으로
이등변삼각형의 소박한 사랑
시작되었거든요

그 사랑 깊어질수록
꼭지각의 크기는 작아져
우리 사이 가까워졌고
사랑하는 마음 더욱 커졌답니다

이등변삼각형의
밑각의 크기가 같은 것처럼
사랑하는 마음도 꼭 같아
질투도 사치였어요

꼭지각의 크기 0되는 날
우리 마음 하나 되는 날
이등변삼각형 선분 되는 날
우리의 결혼식에
여러분을 초대합니다

 이등변삼각형의 성질

이등변삼각형의 두 밑각이 서로를 바라본다. 두 각이 서로 같아 눈빛이 통했고, 사랑은 시작되었다. 그 사랑 커질수록 서로를 향한 밑각의 크기는 커져 그 마음도 커져간다. 하늘은 꼭지각의 크기를 줄여 두 밑각을 가깝게 하였고, 결국 꼭지각의 크기는 0이 되어 두 밑각은 만나게 되었다. 우리의 결혼식에 여러분을 초대한다.

리트머스 종이

우리 마음 같다면
용기 내 고백할 텐데
그대 마음 알 길 없어
망설이고 또 망설입니다

두 밑각의 크기가 같은
이등변삼각형처럼
무엇이 같아져야
우리 마음 같아질까요?

상관없어 보이던
변과 각도 이렇게
멋지게 연결되어 있는데

하긴 그대 마음
나와 같을 순 없겠지요
그 마음 나에겐
전부일 테니까요

 **이등변삼각형의 성질**

굳이 두 변의 길이가 같음을 보이지 않아도, 두 밑각의 크기기 같다면 이등변삼각형임을 알 수 있듯이, 굳이 우리 마음이 같음을 확인하지 않아도 설레는 사랑임을 알 수 있는 리트머스 종이가 있었으면 좋겠다. 사랑하는 마음에 상처가 생기지 않도록.

아름다운 균형

높고 안정적인
건축물을 짓기 위해선
한쪽으로 치우치지 않도록
균형을 맞추어야 합니다

훌륭한
작품을 만들기 위해선
능력에 걸맞은
인성을 갖추어야 합니다

아름다운
사랑을 이루기 위해선
한 사람만의 희생이 아닌
서로 배려하는 사랑이어야 합니다

같은 마음으로 이해하고
마음 깊이 사랑하다 보면
어느 순간
완벽한 이등변삼각형을
마주하게 됩니다

 **이등변삼각형의 성질**

두 변의 길이가 같은 이등변삼각형에서는 신기한 일이 많다. 두 밑각의 크기도 같고, 꼭지각의 이등분선은 밑변을 수직이등분해 버리는 재주도 있다. 완벽한 균형을 이루는 이등변삼각형에서 건축도, 작품도, 사랑도 유용한 힌트를 얻는다.

눈멀고 귀먹어도

눈이 멀어
볼 수 없는 날이 와도
그대 코의
길이와 각도만으로
그대인지 알 수 있습니다

귀가 먹어
들을 수 없는 날이 와도
그대 심장박동의
진동과 간격으로
그대인지 알 수 있습니다

나이 들어
기억할 수 없는 날이 오면
그대 감촉의
따스함과 포근함으로
그대인지 알 순 없겠으나
뭐 상관없습니다
여전히 설렘과 행복일 테니

 직각삼각형의 합동 조건

직각삼각형의 합동 조건. ①(RHA) 빗변의 길이와 한 예각의 크기가 각각 같거나 ②(RHS) 빗변의 길이와 다른 한 변의 길이가 각각 같으면 두 직각삼각형은 합동이 된다.
그대의 오뚝한 코는 직각삼각형이라 그 길이와 각도로 RHA 합동이 되고, 그대의 심쿵한 심장박동 역시 직각삼각형이라 진동과 간격으로 RHS 합동이 된다. 설령 모든 것을 기억할 수 없는 날이 오더라도 그때의 그대 역시 사랑이겠지.

반쪽 찾기

나와 똑같은
반쪽을 찾습니다

성품은 직각으로 곧고
마음은 빗변으로 길어 같은데
같지 않은 그런 사람
너무 많이 있네요

생각마저 같다면 RHA 합동
그 사람
하나뿐인 나의 반쪽입니다

혹시 생각 모르더라도
마음 지지대 같다면 RHS 합동
그 사람 역시
하나뿐인 나의 반쪽입니다

서두르지 말고
그 자리에서 기다려주세요
제가 꼭 찾아낼 테니까요

 **직각삼각형의 합동 조건**

나와 합동인 반쪽을 찾을 수 있을까? 합동이면 모두 같다는 것인데 다행히 성품이 직각이라 직각삼각형이다. 세 변 중 가장 넓은 빗변인 마음노 같으니 이제 남은 두 각과 두 변 중 하나만 같아도 합동이 된다. 한 각인 생각이 같아 RHA 합동도 좋고, 한 변인 마음 지지대가 같아 RHS 합동도 좋다. 나와 합동인 반쪽의 기다림은 설렌 행복이다.

외심군과 내심녀

사람마다 성격 삼각형
각은 뾰족한 까칠함이요
변은 널찍한 후덕함이네

그댈 사랑함은
까칠함까지 끌어안는
외접원으로 해야 해

외심은 까칠함까지
같은 거리로 치우침이 없고
후덕함을 수직이등분 하여
사이좋게 나눠 갖는다

자신을 내보임은
까칠함은 제거하는
내접원으로 해야 해

내심은 까칠함을
이등분하여 산산조각내고
후덕함을 같은 거리에 두어
주변이 평온하다

 삼각형의 외심과 내심

성격을 나타내는 삼각형. 각은 뾰족해 까칠함으로, 변은 널찍해 후덕함으로 설정이 그럴싸하다. 외접원의 중심인 외심은 세 꼭짓점까지 거리가 반지름으로 같고, 세 변은 외접원의 현이 되어 외심으로 수직이등분 된다. 반면, 내접원의 중심인 내심은 세 내각을 이등분하고, 세 변까지 거리가 반지름으로 같다.

겉과 속

어떤 사람인지는
그대 가진 삼각형으로 알 수 있어요

내접원은
마음속 생각 담으니 알기 어렵지만
외접원은
드러나는 언행 담으니 알기 쉽겠네요

내심과 외심 모두
내부에 존재하는 예각삼각형
겉과 속이 한결같겠지만

내심은 내부 외심은 외부
따로 존재하는 둔각삼각형
겉과 속이 전혀 다르네요

둔각삼각형의 뾰족함을
다듬어 보세요
겉과 속이 한결같아지도록
신뢰받는 사람이 될 수 있도록

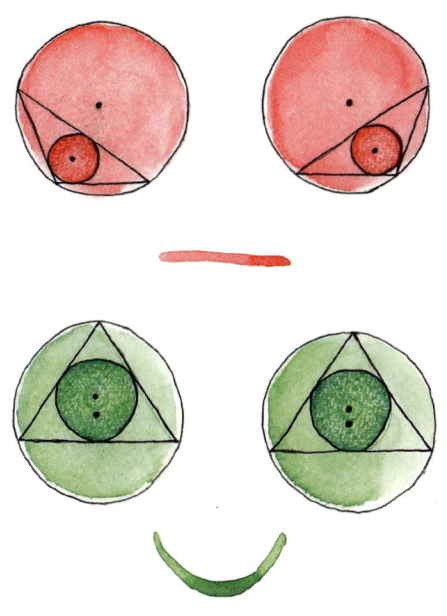

 **삼각형의 외심과 내심**

내접원은 삼각형이 내부에 있으니 마음속 생각을 담고, 외접원은 삼각형의 외부에 있으니 드러나는 언행을 담는다. 그 중심인 내심과 외심이 같은 곳에 있다면 한결같은 것이고, 다른 곳에 있다면 겉과 속이 다른 것이겠지. 그러고 보면 둔각삼각형은 겉과 속이 다를 뿐만 아니라 각의 크기도 한쪽으로 편중되어 날카로운 각도 갖고 있다. 둔각삼각형으로 살아가는 사람은 조심하자.

아름다운 동행

길을 걷다 보면
앞서 걷는 사람들의
뒷모습을 보곤 합니다

엄마아들의 든든한 동행
동성친구의 만만한 동행
이성친구의 풋풋한 동행
연인사이의 촉촉한 동행
신혼부부의 끈끈한 동행
중년부부의 덤덤한 동행
노년부부의 소소한 동행

동행은
서로 평행선을 그리며
같은 방향으로 나아갑니다

평행사변형은
아름다운 동행이 주는
그림 같은 선물입니다

 평행사변형

다정한 사람들은 걷는 걸음도 아름답다. 같은 방향으로 나란히 걸으며 서로에게 의지하는 그런 동행은 세상을 살아가는 힘이 되겠지. 그래서 서로 다른 동행이 만드는 평행사변형은 냉정한 사회에 주는 선물이 아닐까? 문득, 서로 평행하지 않은 다섯 쌍의 동행이 몇 개의 선물을 만들지 궁금해진다.

평행사변형처럼

우리 사이
평행사변형이면 좋겠습니다

대변처럼 평등하게 대하며
또한 같은 걸음을 걷고
대각처럼 같은 시각으로 보며
대각선처럼 똑같이 나누어 갖는
평행사변형이면 좋겠습니다

가끔은
직사각형이나 마름모처럼
좀 더 맘이 맞고
아주 가끔은
정사각형처럼
모든 것이 완벽한 행복도 있겠지요

하지만
그대와 함께라면 상관없습니다
직사각형도, 마름모도, 정사각형도
평행사변형인 것을
선물 같은 날은
가끔으로 되었습니다

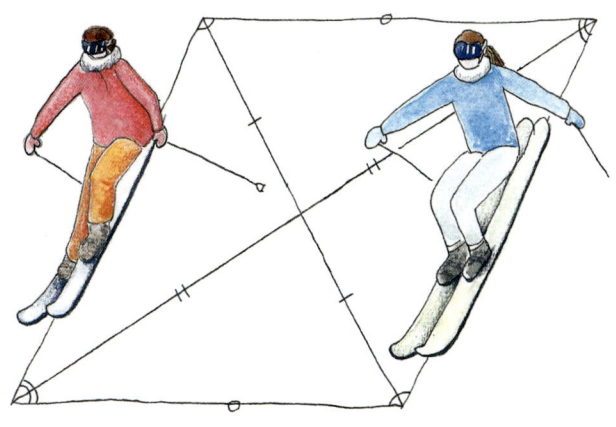

 **여러 가지 사각형**

평행사변형은 다이나믹하다. 두 쌍의 대변이 평행하며, 그 길이도 같고, 두 쌍의 대각의 크기도 같을 뿐만 아니라 두 대각선은 서로를 이등분한다. 평행사변형의 네 변의 길이가 같으면 마름모가 되고, 네 각의 크기가 같으면 직사각형이 되며, 네 변의 길이가 같고, 네 각의 크기가 같으면 정사각형이 된다. 그러나 정사각형은 너무 완벽한 까닭에 재미는 별로 없다. 선물 같은 날이 매일이면 선물이 아니겠지.

제곱 사랑

직각삼각형엔
사랑이 숨어 있대요

직각을 낀 두 변은
그대와 나의 마음이지만
어디에도 우리 사랑
보이지 않습니다만

나의 마음 제곱으로 키우고
그대 마음 제곱으로 받으니
빗변의 제곱으로
우리 사랑 드러납니다

선분에 지나지 않았던
그대와 나의 마음이
정사각형의 넓은
우리 사랑 되었습니다

가끔, 제곱으로 키워보세요
보이지 않던 행복한 사랑이
나타날지 모르니까요

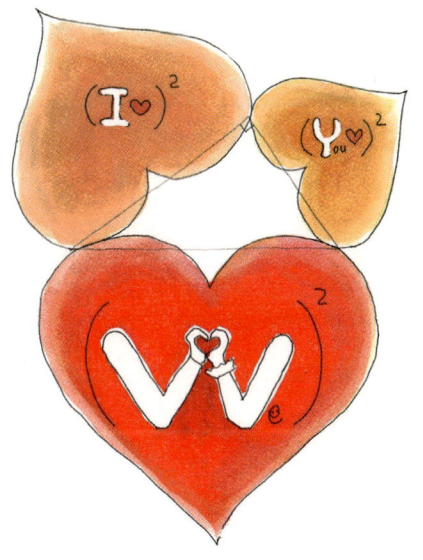

 피타고라스의 정리

직각삼각형에는 (밑변)^2+(높이)^2=(빗변)^{2}이 성립하는 피타고라스의 정리가 숨어 있다. 나와 그대이 마음을 더한 (밑변)+(높이)는 그 어디에도 보이지 않지만, (밑변)^2+(높이)^{2}은 바로 우리의 사랑 (빗변)^{2}이다. 그대와 나의 마음을 단순히 더해서는 설렘이 가득한 우리 사랑을 찾을 길이 없음이다.

행복 공식

직각삼각형에서
$(밑변)^2+(높이)^2=(빗변)^2$
이 피타고라스 정리에서 우리는
하나의 진리를 깨닫습니다

$(밑변)+(높이)=(빗변)$
은 성립되지 않습니다
눈에 보이는 대로 세상을 바라본다면
우리의 행복 공식은 성립되지 않습니다

우리의 일상에서
배려를 제곱하고
만족을 제곱하면
행복도 제곱이 되어
우리에게 돌아올 것입니다

항상
제곱으로 세상을 돌아보고
제곱으로 만족을 느끼며
제곱으로 사랑한다면
행복 공식은 성립할 것입니다

 피타고라스의 정리

직각삼각형에서 피타고라스의 정리는 세 변의 길이의 관계를 나타낸 식에 지나지 않지만, 밑변에는 배려를, 높이에는 만족을, 빗변에는 행복을 연결시키니 멋진 행복공식이 되었다.

$$(배려)^2 + (만족)^2 = (행복)^2$$

그 행복의 제곱이 부메랑처럼 다시 우리에게 돌아오니 제곱을 아니 할 수 없다.

닮음의 재구성

V. 도형의 닮음

늘 곁에 있는 그대

그대, 봄을 닮았네요
흐드러지게 핀
벚꽃의 화사함에 두 배를 하니
그대의 화사함과 합동이 되니까요

그대, 여름을 닮았네요
굽이쳐 흐르는
계곡의 시원함에 두 배를 하니
그대의 시원함과 합동이 되니까요

그대, 가을을 닮았네요
결실이 주는
풍요로운 배려에 두 배를 하니
그대의 배려와 합동이 되니까요

그대, 겨울을 닮았네요
혹한을 헤치고 들어선
집이 주는 포근함에 두 배를 하니
그대의 포근함과 합동이 되니까요

그래서 그대
봄·여름·가을·겨울을 꼭 닮아
늘 곁에 머물러 있습니다

 닮음의 정의

낢음이란 일성한 비율로 확대 또는 축소했을 때 합농이 되는 것이다. 그대가 봄여름가을겨울 행복의 두 배와 합동이 되니, 그대는 봄여름가을겨울을 닮았다. 그러니 그대는 늘 나의 곁에 머물며 계절보다 더한 행복을 주고 있다.

닮지 않음

그대와 닮았단 말
자주 듣습니다

그래선지
나의 웃음에 두 배 더 웃어주고
나의 기쁨에 두 배 더 기뻐하는
사랑스런 그대여

이제
나의 외로움에 반만 외롭고
나의 슬픔에 반만 슬픈
그대였으면 좋겠습니다

그대와 나
그렇게 닮았다
그렇게 닮았다
그렇게 닮지 않았습니다

 닮음의 성질

행복은 모두 두 배라 닮았고, 불행은 모두 반이라 닮았다. 그러나 행복과 불행은 따로 있는 것이 아닌 동선의 양변처럼 함께 뒤엉켜 삶을 이끌고 있으니 그 삶, 어떤 것은 두 배로, 어떤 것은 반이니 전혀 닮지 않았다. 그 닮지 않음으로 나는 행복하다.

닮음의 가치

아이가
성장하는 건
닮음비를 줄여가며
자신과 합동을 이뤄가는
신비로움일 텐데

앞선 그 길
따라가야 할까?
한 치 오차도 없이
아이의 스트레스가 훤하다

닮음의 조건을 찾아보자
책 읽기, 긍정, 배려
같은 비율로 늘리다 보면
어느 순간 합동이 되겠지

조바심내지 말자
충분한 시간을 주자
그러다 보면
닮음비가 뒤바뀌어
더 큰 행복 얻을 수 있으니

 닮음의 조건

얼굴 생김의 닮음이 아니라, 생각의 닮음, 인생의 닮음을 말하고 있다. 자녀에 대한 조급함을 버리고 닮음의 조건(사람마다 다르겠지만 책 읽기, 생각, 배려 등)만 주어보자. 처음에는 아이와 내 생각이 닮음비가 1:5일 수 있으나 어느 순간 1:1의 합동을 경험할 것이다. 그러다 2:1의 닮음비를 경험하는 뿌듯함이 올 것이다. 조급함을 버리고 여유를 갖고 기다려준다면.

합동에서 닮음으로

마트에 진열된 똑같은 과자
거리를 누비는 똑같은 자동차
교실에서 받는 똑같은 수업

같은 모양, 같은 크기
찍어내는 합동 세상
나도 없고 너도 없고

먹을 만큼의 대·중·소 과자
취향에 맞는 프리사이즈 자동차
적성에 따른 맞춤형 수업

같은 모양, 다른 크기
맞춰내는 닮음 세상
나도 있고, 너도 있고

합동에서 닮음으로
불통에서 소통으로
한 걸음 두 걸음

 닮음의 조건

사실 합동도 1:1 닮음이니 제목부터가 틀렸다.「합동에서 합동이 아닌 닮음」이겠지. 신발을 사러 가니 260mm 내 사이즈는 별로인데, 같은 디자인이 120mm 아기 사이즈는 너무 귀엽고 예쁘다. 어렵게 만든 디자인의 신발이 모두 합동이면 어땠을까? 오늘 우리는 닮음의 소중함을 신발로 배워본다.

닮음의 조건

연인 사랑
삼각형인 걸 아니?

아니 닮은 삼각형 너무 많아
닮음 조건 필요하듯
처음 만난 연인들도
사랑 조건 필요하지

부모 사랑
원인 걸 아니?

모든 원 완전 닮아
조건 따위 필요 없듯
운명 같은 부모 자식
사랑 조건 필요 없지

 닮음의 조건

어떤 삼각형은 닮지 않았다. 그러니 그 삼각형이 닮았는지 알 수 있는 조건이 필요하다. SSS 닮음(세 쌍의 대응변의 길이의 비가 같다.), SAS 닮음(두 쌍의 대응변의 길이의 비가 같고, 그 끼인각의 크기가 같다.), AA 닮음(두 쌍의 대응각의 크기가 각각 같다.). 반면 모든 원은 닮았다. 부모가 자식을 조건 없이 사랑하듯 모든 원도 조건 따위 필요 없이 닮았다.

삶의 무게

신은
이겨낼 만큼 시련을 주지만
인간은
그 삶의 무게 견디지 못해
쓰러지곤 한다

지금
기우뚱거리는가?
삶의 한 모퉁이에서
균형을 잃었구나

이제
삶의 무게중심으로
자리를 옮겨보라

충분히
이겨낼 수 있을 거야
신은
이겨낼 수 있는 만큼의
시련만 주니까

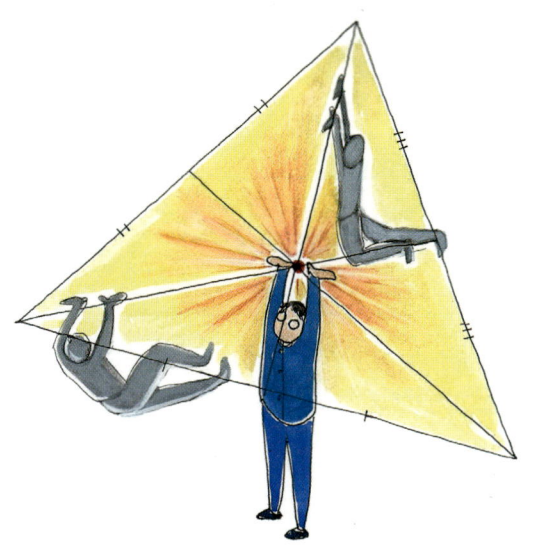

 삼각형의 무게중심

손가락 위에 삼각형의 무게중심을 얹으면 신기하게도 삼각형은 균형을 이루며 서고, 그 점이 아닌 곳으로 위치를 바꾸면 금세 기울어 쓰러지고 만다. 삶의 무게에 비틀거린다고 투정만 부리지 말고 삶의 무게중심으로 자리를 옮겨보라. 무거울지언정 쓰러지진 않을 테니.

사랑의 무게중심

그대에게 가는 길
중선이면 좋겠습니다

내 생각의 중심보다
그대 마음 한가운데로 흐르는
중선으로 가고 싶습니다

그대에게 가는 동안
그 누구에게도
기대거나 치우치지 않게
중선으로 가겠습니다

그대에게 가는 길
고되고 힘이 들면
3분의 2만큼은 가서
잠시 쉬겠습니다

혹시 그대
마중이라도 나올까요?
그대와 만들
사랑의 무게중심으로

 삼각형의 무게중심

각의 이등분선이 아닌 변의 중점을 잇는 중선으로, 내 생각의 중심이 아닌 그대 마음의 중심으로 흐르는 중선으로 그대에게 간다. 중선에 의해 삼각형의 넓이는 정확히 이등분되어 치우치지 않으니 그 길로 그대에게 간다. 가다 힘이 들면 중선의 3분의 2 지점인 무게중심에서 잠시 쉬어갈 테니, 그대 마중이라도 나왔으면 좋겠다.

꽃보다 중선

삶에서 중요한 건
무게중심보다 중선 아닐까요?
살음의 준말인 삶은
살아가는 과정일 테니까요

균형을 잃지 않고
행동하는 중선은
삶의 과정이며 현실이고
평형을 유지한 채
꼿꼿한 무게중심은
삶의 결과며 이상이겠지요

그러고 보면 무게중심도
중선의 일부인 것을
천천히 중선으로 걸어가세요
무게중심을 만날 날 있을 테니

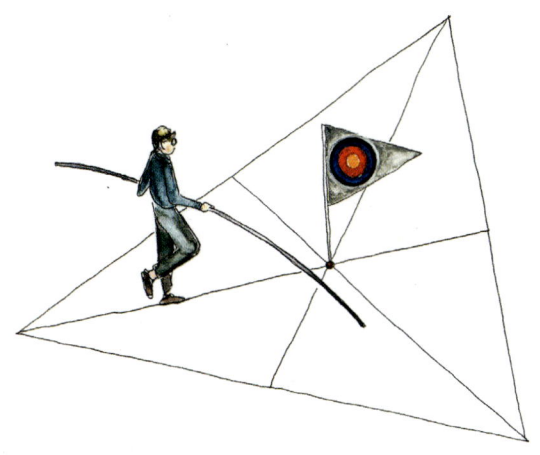

 **삼각형의 무게중심**

무게중심은 한 번에 찾아지지 않는다. 중선으로 천천히 걷다 보면 어느 순간 몸의 균형이 느껴질 때가 있다. 그때가 바로 무게중심이다. 삼각형의 중선은 삼각형의 넓이를 이등분하는 공평함을 보여준다. 그렇게 하나하나 어느 쪽에도 치우치지 않게 나누다 보면 여러 중선이 만나 무게중심을 만들어내듯 그 공평함은 공정한 사회를 만들어낸다. 공정한 사회를 꿈꾸는가? 하나하나 공평함을 실천해 보라.

삶의 중선

인생의
마지막 라인
알 수 있으면 좋겠습니다

빨리 가기 위해
수직으로 가지 않고
이익만을 위해
한쪽으로 치우치지 않게
마지막 라인의 중점으로
공평하고 균형 있게
살고 싶습니다

하지만
인생의 마지막 라인은
지나서야 알 수 있는 까닭에
중력의 힘을 빌려봅니다

결국
지극히 자연스러움이
삶의 중선임을
수학으로 깨닫습니다

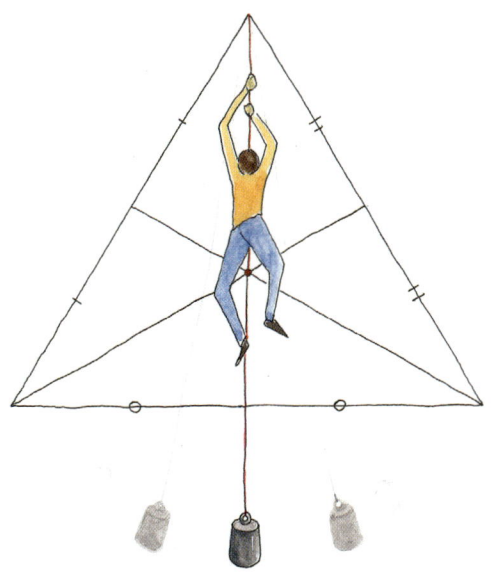

 **삼각형의 무게중심**

꼭짓점을 출발한 삼각형의 중선은 그 대변의 중점을 알기에 쉽게 그을 수 있지만, 인생의 걸음걸음은 그 끝을 알 수 없기에 공정하게 살아가는 일은 쉬운 일이 아니다. 삼각형의 중선을 중력을 이용하여 구하는 것처럼 균형 잡힌 삶은 지극히 자연스럽고 상식에 맞게 사는 것은 아닐까?

사랑의 닮음비

그대 향한 나의 사랑
나를 향한 그대 사랑과
닮아 있습니다

그 깊이 재어보니
3:2이더군요
그 깊이 3:2라
비슷해 보이나요?

그 넓이 9:4라
두 배나 많은데요
그 부피 27:8이라
세 배보다 많습니다

나는 그대보다
비슷한 사랑이 아닌
3배 많은 사랑을 하고 있습니다

사랑은
깊이도 넓이도 아닌
부피이기 때문입니다

 닮음의 활용

두 도형의 닮음비가 3:2면 대응하는 변의 길이 비는 3:2, 대응하는 면의 넓이 비는 $3^2:2^2$, 대응하는 입체의 부피 비는 $3^3:2^3$이 된다. 사랑은 한 방향이 아닌 모든 방향으로 뻗어 있기에 깊이도 넓이도 아닌 부피이고, 그래서 나의 사랑이 훨씬 크다.

VI. 확률
확률의 시대

사랑 사건

그대와의 만남은
사건의 시작이었습니다

그대를 마주하며 웃음 짓는 사건
그 경우의 수 점점 커져갑니다

그대와 식사하며 맛있게 먹는 사건
그 경우의 수 점점 커져갑니다

그대와 헤어지며 아쉬움 드는 사건
그 경우의 수 점점 커져갑니다

그대 없이 혼자라서 그대 그리운 사건
그 경우의 수 점점 커져갑니다

그대와의 사랑으로 커진 경우의 수만큼
우리 행복도 점점 커져만 갑니다

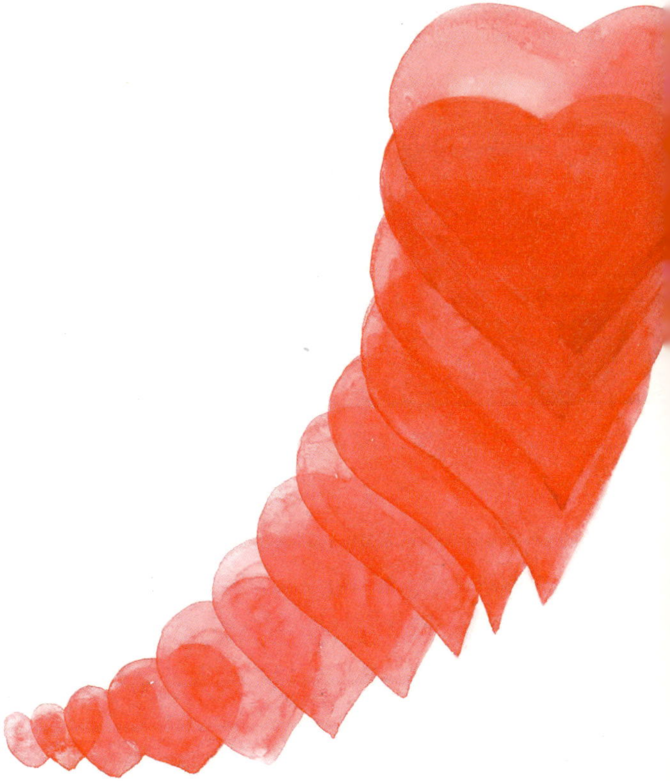

 경우의 수

사건은 실험이나 관찰을 통해 얻어지는 결과이고, 경우의 수는 사건이 일어날 수 있는 가짓수이다. 그대를 만나며 행복이란 사건 속에서 절로 웃음 짓고, 맛있게 식사하고, 헤어짐이 아쉬운, 그래서 혼자일 땐 그리움에 사무치는 사건들이 자리했다. 그 사건들의 경우의 수는 오늘도 점점 커져만 간다.

사랑할 이유

사랑할 이유
합의 법칙이 아닌
곱의 법칙입니다

날 사랑할 이유
10가지 된다지만
그댈 사랑하는 이유
100가지 되니
우리 사랑할 이유
1,000가지나 됩니다

그 사랑
혼자 아닌 함께이기에
사랑할 이유
차고 넘치네요

허나 그대
날 사랑할 이유 없다면
우리 사랑할 이유 역시
0이겠지요

사랑할 이유
곱의 법칙이 틀림없네요

 합의 법칙, 곱의 법칙

한쪽의 마음만으로 사랑이 될 수 없고, 시모의 마음으로 완벽한 사랑을 이루기에 사랑할 이유는 합의 법칙이 아닌 곱의 법칙이다. 그래서 우리가 사랑해야 하는 이유, 110가지 아닌 1,000가지로 무척이나 많이 있다.

봄·여름·가을·겨울

계절은
함께하지 않습니다

그대와 함께 취했던
벚꽃 날리던 봄날이

그대와 함께 나눴던
비 오는 카페의 여름날이

그대와 함께 물들었던
천연색 단풍의 가을날이

그대와 함께 걸었던
새하얀 눈밭의 겨울날이

모두
함께하지 않아 좋았습니다

계절은 함께하지 않았고
그대와 함께한 행복한 추억
고스란히 덧셈이 되었습니다

 합의 법칙

행복은 농도가 아니라 빈도라 헸다. 봄의 행복은 봄대로, 여름의 행복은 여름대로, 가을의 행복은 가을대로, 겨울의 행복은 겨울대로 겹쳐지지 않아 행복했던 나날은 그대로 덧셈이 되어 많은 빈도를 내게 선물하였다.

인생

인생은 매 순간
선택으로 채워지지만
사람마다
선택지가 같은 것은 아니다

매 순간 연결되어
독립이 아닌 까닭에
앞선 선택이 다음 선택지의
내용과 개수를 바꾸어 놓는다

그래서 누구도
타인의 인생
논할 수도 자격도 없다

다만
어제의 선택으로 얻는
오늘의 선택지에
바른 답을 하기를

내 인생의 경우의 수는
매 순간 선택지의
곱으로 구해지고

지금도
순간의 선택으로
내 삶은 더욱 특별해진다

 곱의 법칙

우리는 매 순간 선택을 한다. 걸을 때도, 말할 때도, 가만히 있는 것조차 선택이다. 그 순간의 선택이 곱으로 연결되어 내 인생의 경우의 수를 만들어낸다. 그 무한에 가까운 경우의 수 중 우리는 딱 한 가지의 인생을 살아내는 것이다. 이 어찌 특별하지 않을 수 있는가? 지금도 우리는 더욱 특별해지고 있다.

운명

겨울비 쌀쌀함에
포근했던 커피숍
음표에 커피 향 담아
나지막히 퍼지는 멜로디

구석의
한 테이블을 차지한
네 명의 여인들

그녈
사랑할 확률
0.25 아닌 1이었다

운명이었다

 확률의 정의

추운 겨울날, 매서운 한파를 피해 들어선 커피숍에서 그녀를 처음 보았다. 4명 중 1명이니 내가 그녀에게 사랑에 빠질 확률이 4분의 1이던가? 4명에 대한 사랑 가능성이 다르니 수학적 확률의 정의가 통하지 않는다. 내 눈엔 그녀만이 보였으니까.

설레임

그대와 사랑할 확률
1이라면 얼마나 좋을까요

이참에 헤어질 확률
0이라면 더욱 좋겠지요

하지만 나머지 확률
$0 < p < 1$이면 좋겠습니다

반드시 일어나거나
절대로 일어나지 않는 일
가슴 설레는 일
아닐 테니까요

 **확률의 기본 성질**

그대와 사랑하고 싶으니 사랑할 확률이 반드시 일어날 확률, 1이면 좋겠고, 그대와 헤어지기도 싫으니 헤어질 확률이 절대로 일어나지 않을 확률, 0이면 좋겠다. 하지만 확률이 0이나 1이면 얼마나 재미없는 인생일까? 가슴 설레는 인생으로 나머지 확률은 $0 < p < 1$이면 좋겠다.

행복의 여사건

나를 좋아할 확률
0.3이라 슬퍼하지 말자
미워할 확률
0.7이 아니니

좋아함의 여사건
좋아하지 않음이지
미워함이 아니기 때문이다

내가 행복할 확률
0.4라 안심하지 말자
불행할 확률
0.6이니

행복의 여사건
불행이기에
행복하지 않은 사람
불행한 사람일지어다

 **여사건의 확률**

사건 A가 일어날 확률이 0.3이라면 사건 A의 여사건인 사건 A가 일어나지 않을 확률은 1 0.3=0.7이다.
나를 좋아하지 않음이 미움만은 아니니 슬퍼하지 않아도 되겠지만 행복하지 않음은 불행이니 행복의 확률을 높여 보자. 살아가며 감사와 만족, 그리고 사랑을 시작해 보자.

친구라도 될 걸 그랬어

친구라도 될 걸 그랬어
이렇게 마음 아플 줄이야

친구일 확률 0.6이라
연인일 확률 0.4라 생각했는데
헤어질 확률이었던 거야

친구라도 될 걸 그랬어
그대 없는 날
상상할 수조차 없는데

그저
작은 욕심 내었을 뿐인데
그대 멀어지게 했나 봐

 **여사건의 확률**

늘 친구로 가까이 있던 그녀가 어느 날 다르게 보였다. 친구 아니면 연인이라 생각했는데, 그래서 용기 내어 봤는데 친구 아니면 서먹한 남남이였던 기야. 그냥 친구라도 좋았는데 너무 욕심 냈나 봐. 그래도 하든 안 하든 어차피 후회할 거라면, 하고 후회하는 게 좋을 것 같아. 잘했어. 그리고 괜찮아.

나의 삶

그냥
만들어진
삶이 어디 있으랴

매 순간
크고 작은
선택의 확률이
곱셈으로 이어져
지금의 삶이 있겠지
아주 작은 확률로 말이야

그러니
그 귀한 삶
조금 고되어도
힘을 내 보는 거야

앞으로
더욱 귀해질
나의 삶을 위하여

 확률의 계산

우리의 인생은 매 순간의 선택을 이루어진다. 순간순간 선택의 확률이 급해저 800만분의 1이 로또복권 1등 당첨보다 훨씬 더 작은 확률로 삶을 만들어가고 있으니, 우린 꽤 운이 좋은 편이다. 앞으로의 한 걸음으로 더욱 귀해질 나의 삶을 위하여 파이팅.